AF305620

Quarante

TABLEAUX

par

M. et Mme

MURATON

Vente du Lundi 26 Mars 1888

HOTEL DROUOT, SALLE N° 8

CATALOGUE

DE

40 TABLEAUX

IMPRIMERIE D. DUMOULIN ET Cie

Rue des Grands-Augustins, 5, à Paris.

CATALOGUE

DE

40 TABLEAUX

PAR

Mme EUPHÉMIE MURATON

DONT LA VENTE AURA LIEU

HOTEL DROUOT, SALLE N° 8

Le Lundi 26 Mars 1888, à 3 heures

COMMISSAIRE-PRISEUR

M° PAUL CHEVALLIER

10, rue Grange-Batelière.

EXPERT

M. EUG. FÉRAL, peintre

Faubourg-Montmartre, 54.

Chez lesquels se trouve le présent Catalogue.

EXPOSITIONS

PARTICULIÈRE : le Dimanche 25 Mars 1888,
de une heure à cinq heures.

PUBLIQUE : le Lundi 26 Mars 1888, *jour de la vente,*
de une heure à trois heures.

CONDITIONS DE LA VENTE

Elle sera faite au comptant.

Les adjudicataires payeront *cinq pour cent* en sus des enchères.

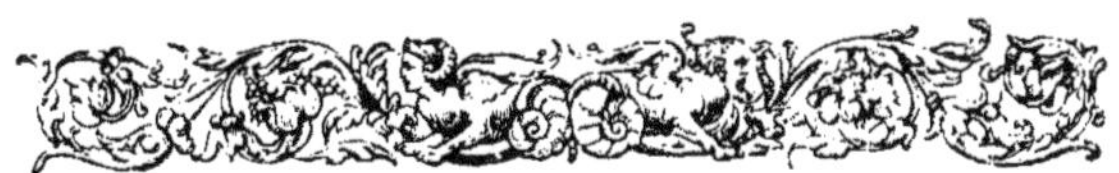

*En visitant le Salon de 1887 avec un peintre célèbre de
mes amis, je m'arrêtai devant un séduisant tableau inti-
tulé :* Vieux Souvenirs. *On y voyait un rouet, le rouet de
l'aïeule, armé de sa quenouille légère ; une fine épée qui
semblait pouvoir en dire long, non sur les glorieux faits
de guerre, mais plutôt sur les galantes équipées du jeune
seigneur qui la porta ; un missel, dont on devinait les riches
enluminures ; une étincelante lanterne de cuivre, et la
mandoline des tendres sérénades. Au pied du rouet, une
fraîche rose blanche jetait sa note claire comme pour
attester, au milieu de ces reliques du passé, l'éternelle
jeunesse de la nature.*

*Tout cela s'enlevait sur un délicieux fond bleu, vibrant,
chatoyant, et qui semblait peint, en vérité, avec de la pâte
de lumière !*

C'était une œuvre de Mme *Euphémie Muraton, dont le
renom artistique s'est si brillamment étendu.*

*Mon compagnon de promenade considéra longuement
cette toile exquise, puis il me dit :*

« Tenez, voilà de la peinture !... Voyez comme tout cela

chante dans une harmonie discrète et juste. C'est là une des meilleures choses du Salon. »

J'ai retrouvé ce tableau parmi ceux de Mme Muraton qui ont été choisis pour être mis en vente, et il m'a paru plus charmant encore. C'est une de ces œuvres accomplies auxquelles, par un rare privilège, le temps ne peut qu'ajouter des grâces nouvelles.

Quel heureux choix, d'ailleurs, que celui-ci !

Le talent si souple et si ferme de Mme Muraton s'y révèle dans sa variété surprenante; variété de facture, variété d'impressions.

On ne saurait se défendre de quelque étonnement, en effet, en examinant, à côté de ces Vieux Souvenirs dont je viens de parler, ces fraîches touffes de lilas gonflés de sève odorante et d'où se dégage l'haleine du printemps.

C'est la même main, tout à la fois forte et légère, qui a peint avec tant de verve ces chrysanthèmes, ces pivoines aux tons éclatants, et, d'un autre côté, cette bonne vache et son veau si solidement campés dans la sérénité d'un doux paysage, au lointain horizon.

Ces pêches veloutées, dont la rondeur molle et parfumée appelle la morsure; ces prunes à la pulpe juteuse et fondante; ces coings rebondis, à l'air bonnasse et « bonne pâte »; ces appétissants raisins; ces melons, entamés, qui viennent de s'ouvrir en pleurant des larmes sucrées sous le couteau du gourmet : tout cela, c'est la nature même, et, si l'on peut ainsi parler, c'est la vie dans la nature morte.

Mme Muraton a étudié la fleur avec une attention très *pénétrante ; elle a su saisir et fixer en touches larges, lumineuses et précises la physionomie intime des diverses espèces et leur délicate personnalité.*

On ne trouve, au demeurant, dans les quarante tableaux si variés d'exécution et d'aspect désignés dans ce catalogue, que des morceaux de choix dignes de prendre place dans les galeries des collectionneurs éclairés.

Ce sont là, sans nul doute, les œuvres d'une artiste très distinguée, douée d'une façon exceptionnelle, et arrivée, à force d'étude et de travail, à l'entière possession de son talent.

OCTAVE ROBIN.

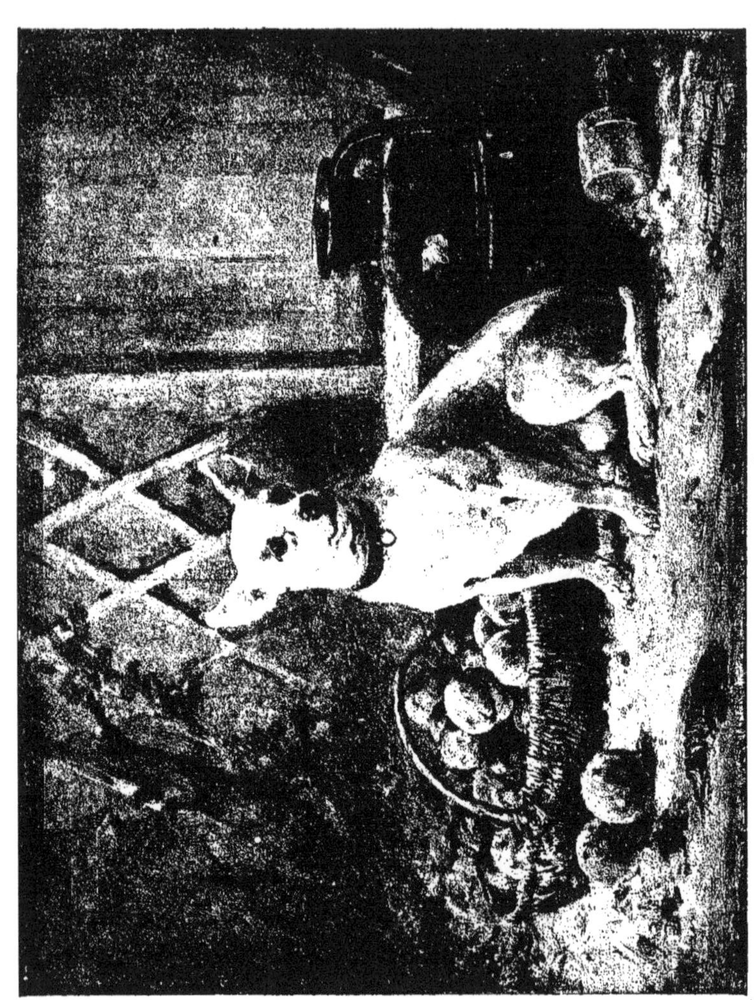

N° 2.

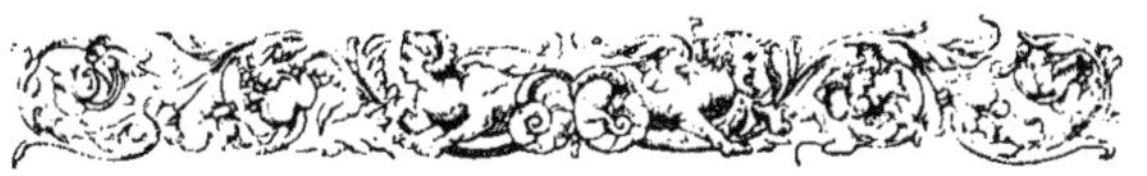

DÉSIGNATION

1 — *Vieux Souvenirs.*

> Toile. Haut., 1 m. 3o ; larg., 9o cent.

2 — *Avant le départ.*

> Toile. Haut., 7o cent. ; larg., 95 cent.

3 — *Fruits d'automne.*

> Toile. Larg., 72 cent. ; haut., 5o cent.

4 — *Marcassins courant sur la neige.*

> Toile. Haut., 6o cent. ; larg., 8o cent.

600
400

5 — Branche d'Abricots et Prunes bleues.

Toile. Larg., 75 cent. ; haut., 47 cent.

1000
650

6 — Les Prouesses de Titi.

Toile. Larg., 92 cent. ; haut., 75 cent.

1000
450

7 — Un Goûter en plein air.

Toile. Larg., 1 mètre ; haut., 65 cent.

800
490

8 — Pivoines et Boules-de-neige.

Toile. Larg., 63 cent. ; haut., 47 cent.

800
430

9 — Fleurs de printemps.

Toile. Larg., 64 cent. ; haut., 47 cent.

800
720

10 — Le Pigeon.

Toile. Larg., 56 cent. ; haut., 80 cent.

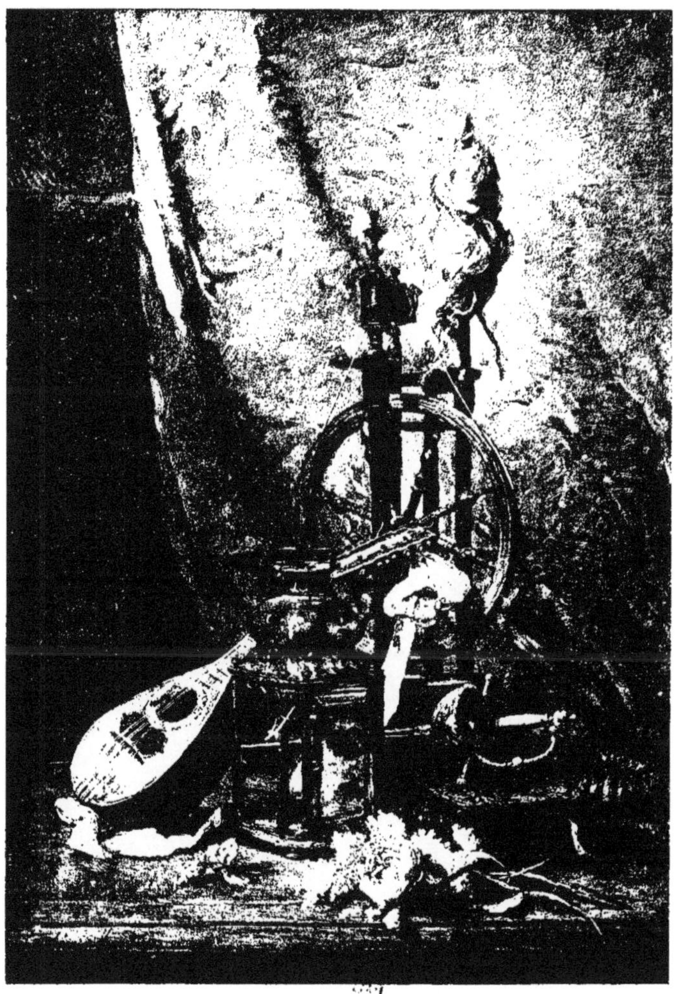

Nº 1.

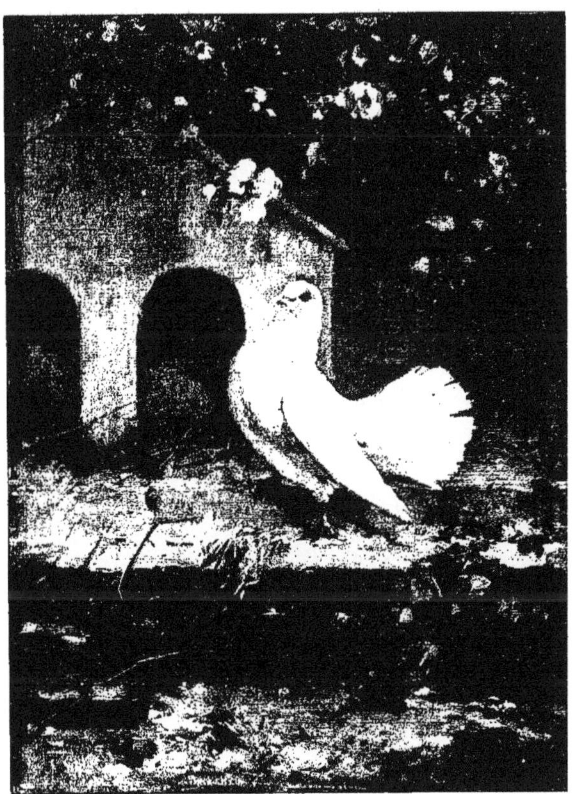

N° 10.

11 — *Melon coupé.*

> Toile. Haut., 65 cent.; larg., 54 cent.

12 — *Vanneau et Lapin de garenne.*

> Toile. Haut., 72 cent.; larg., 50 cent.

13 — *Roses trémières.*

> Toile. Haut., 81 cent.; larg., 59 cent.

14 — *La Perdrix rouge.*

> Toile. Haut., 65 cent.; larg., 45 cent.

15 — *Branche de Lilas.*

> Toile. Haut., 40 cent.; larg., 56 cent.

16 — *Bouquet de Marguerites.*

> Toile. Haut., 55 cent.: larg., 44 cent.

17 — *Pêches et Raisins.*

Toile. Haut., 5o cent.; larg., 67 cent.

18 — *Prunes de Sainte-Catherine et Pêches.*

Toile. Larg., 48 cent.; haut., 31 cent.

19 — *Coings et Prunes.*

Toile. Larg., 43 cent.; haut., 32 cent.

20 — *Bouquet dans un vase du Japon.*

Toile. Haut., 51 cent.; larg., 35 cent.

21 — *Sur les mires.*

Toile. Larg., 1 m. 06; haut., 76 cent.

22 — *Branche de Prunes bleues et Pêches.*

Toile. Larg., 5o cent.; haut., 34 cent.

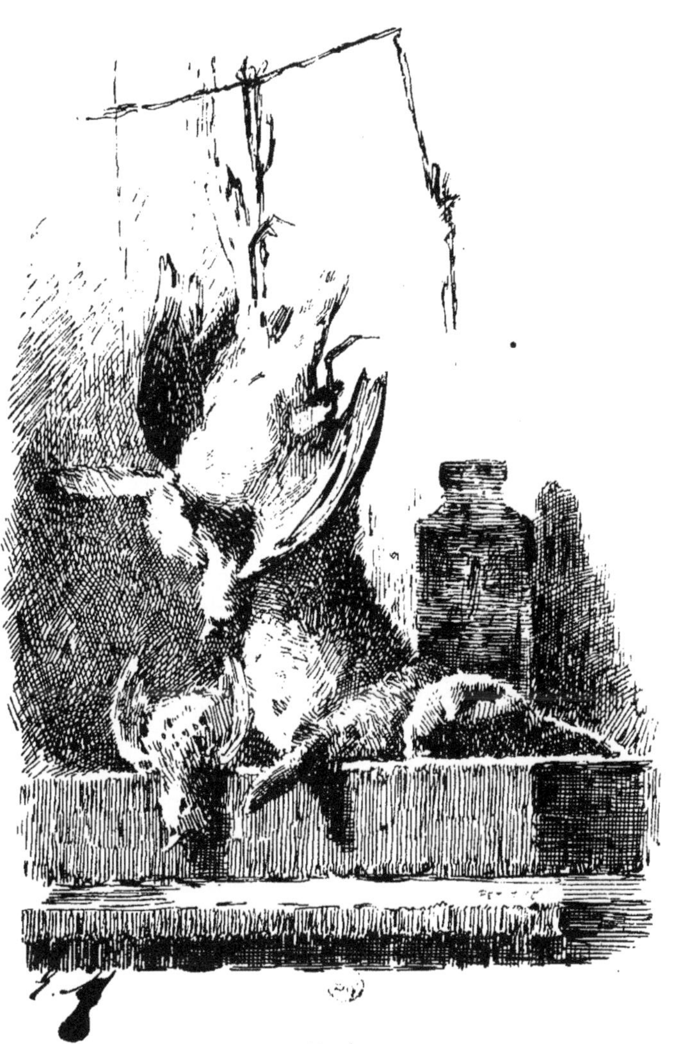

N° 12.

23 — *Une Fenêtre au cinquième.*

Toile. Haut., 80 cent.; larg., 60 cent.

24 — *Chrysanthèmes.*

Toile. Haut., 65 cent.; larg., 40 cent

25 — *Fleurs dans une vasque.*

Toile. Larg., 61 cent.; haut., 48 cent.

26 — *Pêches et Prunes de Reine-Claude.*

Toile. Larg., 48 cent.; haut., 31 cent.

27 — *Poires et Pêches.*

Toile. Larg., 39 cent.; haut., 25 cent.

28 — *Pêches.*

Toile. Larg., 47 cent.; haut., 32 cent.

29 — *Petite branche d'Abricots.*

Toile. Larg., 33 cent.; haut., 22 cent.

30 — *Anémones.*

Toile. Larg., 65 cent.; haut., 47 cent.

31 — *Pêches sur un terrain.*

Toile. Larg., 46 cent.; haut., 31 cent.

32 — *Branche d'Abricots.*

Toile. Larg., 44 cent.; haut., 28 cent.

33 — *Fleurs de grenadier et Laurier blanc.*

Toile. Haut., 35 cent.; larg., 25 cent.

34 — *Framboises et Cerises.*

Toile. Haut., 55 cent.; larg., 39 cent.

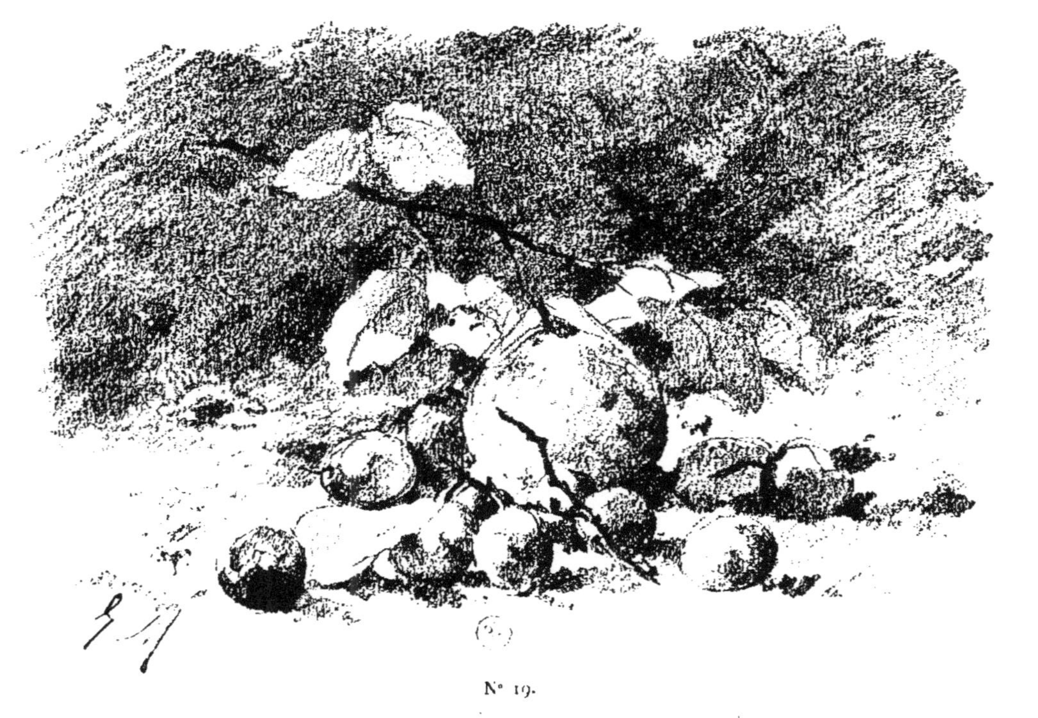

N° 19.

35 — *Roses jaunes.*

    Toile. Haut., 61 cent. ; larg., 46 cent.

36 — *Une assiette de Cerises.*

    Toile. Larg., 55 cent. ; haut., 34 cent.

37 — *Orangeade.*

    Toile. Larg., 42 cent. ; haut., 28 cent.

38 — *Trois Pêches sur une pierre.*

    Toile. Haut., 40 cent. ; larg., 29 cent.

39 — *Pêches sur la mousse.*

    Toile. Larg., 46 cent ; haut., 32 cent.

40 — *Etude de Roses.*

    Toile. Larg., 40 cent. ; haut., 29 cent.